FIELD.

PLAN

D'UN

CODE INTERNATIONAL

PARIS

LIBRAIRIE FRANKLIN

71, rue des Saints-Pères, 71

—

1873

20 centimes.

PLAN

D'UN

CODE INTERNATIONAL

IMP. E. HEUTTE ET Cⁱᵉ, A SAINT-GERMAIN.

D. D. FIELD.

PLAN

D'UN

CODE INTERNATIONAL

PARIS

LIBRAIRIE FRANKLIN

71, rue des Saints-Pères, 71

1873

INTRODUCTION

Les travaux des amis de la paix jouissent en France d'une médiocre faveur. Les hommes prévoyants qui, avant la guerre de 1870-1871, en 1867, à l'apogée de la prospérité apparente de la France, prêchaient le désarmement et constituaient la Ligue de la Paix, devenue depuis la *Société des Amis de la Paix*, trouvèrent à cette époque un concours assuré chez la grande majorité des hommes intelligents de tous les pays.

Depuis les désastres de cette affreuse guerre, depuis la consécration donnée, au mépris du droit et au profit de la force, à l'odieux droit de conquête, les amis de la paix ne pouvaient de longtemps parler de désarmement, sans paraître violer les devoirs les plus étroits du patriotisme. Leurs regards se tournèrent vers le grand événement qui s'accomplissait à Genève. Le tribunal de l'Alabama, dont la décision, loyalement accueillie par l'Amérique et l'Angleterre, produisit une si profonde impression sur l'esprit du monde entier, permit aux partisans de *l'arbitrage international* d'appeler l'attention publique des gens sensés sur le constraste frappant qui existait entre ces deux conflits internationaux, résolus, à si peu de distance, par des moyens si différents.

Les amis de la paix de France, secondés par leurs dévoués auxiliaires d'Angleterre, d'Amérique, de Suisse, de Belgique, d'I-

talie et des Pays-Bas, prêché-
rent donc *l'arbitrage international*. Le public français, encore
ulcéré des récents désastres de
notre patrie, fut peu sympa-
thique à ces paroles d'apaise-
ment; et, ne voyant que dans
de nouvelles et sanglantes re-
présailles le retour à la mère-
patrie des chères provinces per-
dues, il se refusa à ouvrir
l'oreille à la possibilité de la
solution, par la justice, de l'un
des plus effrayants problèmes
de notre temps.

Fort heureusement, un ren-
fort arrivait, dans le courant de

cette année, de deux côtés à la fois, aux amis de la paix de France. D'Amérique, le Dr James B. Miles, délégué de la *Société américaine de la Paix*, venait leur apporter un large rayon d'espoir. Ce noble apôtre de la plus sainte des causes parcourut toutes les capitales de l'Europe, ne se rebutant devant aucune déception, répandant partout sa parole chrétienne et convaincue, et provoquant la réunion d'une conférence ou d'un sénat juridique international.

En même temps, le dévoué

secrétaire de la *Société de la Paix de Londres*, M. Henry Richard, annonçait, pour le 8 juillet, sa motion depuis si longtemps attendue et retardée.

On sait ce que les efforts de ces deux hommes de bien ont produit : M. Miles, revenu dans son pays porteur de promesses de concours de personnages importants d'Europe, voyait se constituer à New-York, sous la présidence de M. David Dudley Field, l'*International code comittee*.

M. Henry Richard faisait sa motion et obtenait la majorité à la Chambre des Communes d'Angleterre.

Pendant ce temps, la Ligue de la Paix et de la Liberté, renonçant au système des congrès publics, au sein desquels le tumulte et le mélange des assistants, souvent étrangers aux questions traitées, rendaient peu possibles les discussions sérieuses et fructueuses, réunissait à Genève, le 7 septembre, en assemblée privée, des jurisconsultes et des publicistes. Des travaux importants étaient lus sous forme de mémoires, et M. Ch. Lemonnier esquissait le projet d'un *traité d'arbitrage* (1).

Enfin, le 10 octobre, la Conférence internationale de Bruxelles se réunissait sur les invitations du comité américain, sous la présidence de l'honorable M. Visschers ; et, à la suite de travaux considérables, constituait l'*Association pour la réforme et la codification des lois internationales.*

Ainsi que l'a dit M. Field dans un discours qu'on lira

(1) Voir le *Bulletin officiel* de la réunion de Genève, et notamment les mémoires de MM. le professeur Horming, de Genève, Michel Laporte, Brunschwig, etc.

plus loin, « le premier pas est fait. » Et M. Field est bien un des hommes qui, dès long-temps, ont le plus contribué à faire faire à la vraie civi-lisation ce premier et immense pas. En effet, les esprits éclairés ont toujours compris que l'ar-bitrage international était un but essentiel à atteindre; mais que cette forme de la substitu-tion du droit à la violence n'é-tait régulièrement pratiquable qu'appuyée sur un ensemble de lois acceptées du commun ac-cord des nations, sur un *Code du Droit des gens*, en un mot. De grands efforts dans ce sens étaient déjà tentés par M. Blun-tschli, qui livrait à la publicité un Code international traduit en français par M. Lardy; par Fiore, qui a eu pour traducteur M. Pradé-Fodéré, et par d'autres savants de différents pays.

Mais ces efforts passaient inaperçus pour le gros du public; ou, tout au moins, il ne se trouvait pas, dans chaque pays, un groupe d'hommes disposés à agir sur l'esprit public pour en faire comprendre l'importance

Modestement, sans aucune prétention d'avoir fait une œu-

vre parfaite, M. Field travail-
lait à son « *Esquisse d'un Code
international;* » et il était si pro-
fondément imbu de l'idée de
la perfectibilité de cette œuvre à laquelle il avait consacré
sept années de sa vie, qu'il ne
se hasardait à la faire impri-
mer qu'à un très-petit nombre
d'exemplaires.

Pour nous, l'ouvrage de M.
Field a une immense importance. Une Association pour
la réforme et la codification du
Droit des gens a été instituée
à Bruxelles; cette association,
aux termes des résolutions de la

Conférence internationale, devra avoir des comités nationaux dans chaque pays. Le *Comité national Français* a été constitué à Paris, le 6 novembre 1873, sous la présidence de M. Ch. Giraud, de l'Institut. Déjà, dès le mois de mars, la Société dont j'ai l'honneur d'être le secrétaire, instituait à Paris un comité d'étude pour la réforme et la codification des lois internationales. Or, il est impossible, je crois pouvoir le dire, que ces associations, pas plus que les autres Sociétés de la Paix, puissent arriver avec do nombreux membres et des subdivisions en comités, à élaborer un Code international *homogène.* Cet inconvénient n'existe plus grâce à l'essai de M. Field. Je ne parle pas des travaux des autres auteurs, travaux remarquables, incontestablement, mais dont les doctrines se rapprochent moins des nôtres.

Que *l'esquisse* de M. Field, — s'il nous est encore permis de donner ce nom à une œuvre aussi considérable, — soit donc adoptée par les associations qui viennent de se constituer; qu'elle soit étudiée article par article,

discutée, amendée; que nous,
hommes de combat — hommes
du bon combat, — qui ne sommes
ni des savants, ni des juriscon.
sultes, nous bornions notre tâche
à produire autour des travaux
des hommes éminents qui don-
nent leur concours à la grande
œuvre, une agitation salutaire;
que la presse sérieuse de tous
les pays continue, comme elle
le fait volontiers depuis quelque temps, à s'intéresser à ces
questions d'intérêt universel;
et nous pourrons espérer ne
pas voir rester sans résultats
les efforts des hommes d'État

dévoués qui, dans divers parle-
ments de l'Europe, ont élevé ou
doivent élever la voix en faveur
de la justice et de l'arbitrage.

Et maintenant, il me reste à
m'excuser d'avoir pris ici une
aussi grande place, et à céder
la plume à M. Field pour
exposer son PLAN DE CODE
INTERNATIONAL.

HENRY BELLAIRE.

NOTE.

Pour le travail que l'on va lire, nous nous sommes servi d'éléments divers, tous originaux et émanant de M. Field, et notamment de deux discours prononcés par l'éminent juriste, l'un à Norwich, au mois de septembre 1873, devant l'Association Britannique pour l'avancement des sciences, l'autre à Paris, au banquet qui lui était offert à son retour de la Conférence de Bruxelles, le 25 octobre suivant.

H. B.

PLAN
D'UN
CODE INTERNATIONAL

I.

Il y a sept ans, au meeting tenu à Manchester par l'Association pour l'avancement des sciences sociales, j'eus la bonne fortune de proposer la réunion d'un comité qui serait chargé de jeter les bases d'un

Code international. Cette proposition fut reçue favorablement, et l'on nomma un comité composé de juristes de différentes nations. On se partagea le travail, et une portion me fut assignée, car il avait été d'abord entendu que les membres du comité se communiqueraient ce qu'ils auraient préparé chacun de leur côté, et qu'ensuite on se réunirait pour réviser l'ensemble du Code. Ce projet fut abandonné comme offrant trop de difficultés. Les différents membres étaient trop

éloignés les uns des autres pour
que cet échange d'idées fût facile. Je trouvai donc plus com-
mode pour les autres membres
du comité, comme pour moi-
même, d'esquisser l'ouvrage
tout entier, espérant que chacun de nous donnerait ainsi
son plan. J'ai terminé mon œuvre après plusieurs années d'é-
tude, et j'ai pu présenter ce
travail à mes collègues et à un
petit nombre d'amis.

Au moment où les efforts qui
surgissent de tous côtés appel-
lent l'attention publique sur

cette question de la nécessité d'un Code international, je ne crois pas inutile de donner un aperçu rapide du plan et du contenu du travail que j'ai entrepris.

II.

Aucun homme sérieux ne saurait douter de l'importance du sujet. Il n'a qu'à ouvrir les yeux pour se rendre compte de la nécessité d'une loi publique des nations et de l'étendue des intérêts qu'elle embrasse. Qu'il voyage par terre ou par mer, l'évidence de cette nécessité le poursuit. Supposons un homme

en mer et prenons pour exem-
ple le grand bateau, « la *Ville
de Chester* », sur lequel j'ai
traversé l'Océan depuis sa rive
la plus éloignée. Pendant que
cette construction gigantesque
de bois et de fer, de cor-
dage et de toile, avec ses
ailes étendues et son cœur de
feu, suivait sa marche triom-
phale, se détournant à peine à
droite ou à gauche, quoi que
pussent faire le vent ou la tem-
pête, je pensais que nous pré-
sentions une grande image de la
loi publique qui régit le monde.

Le vaisseau était anglais et l'équipage aussi. Les passagers appartenaient à diverses nations. C'étaient des Anglais, des Américains, des Français, des Allemands, des Italiens et des citoyens d'autres nations. Le chargement était destiné à plusieurs ports d'Europe. Cherchez maintenant de quelle manière et d'après quelles règles devaient être mesurés et jugés les droits et les devoirs de cette société si mélangée; des passagers, du patron et des matelots, et des propriétaires du bâtiment et du fret. Pour éviter une collision avec d'autres navires, il fallait prendre certaines précautions de fanaux pendant la nuit et de signaux par les temps couverts, et suivre une direction particulière quand il y avait des vaisseaux en vue, en se conformant aux règles de navigation adoptées par les nations maritimes. Lorsque nous rencontrions des bateaux en marche, nous conversions avec eux dans cclangage commun de signaux que tous les marins devraient apprendre. Si une collision s'était produite, l'auteur du dommage et le montant du préjudice causé eussent été jugés par la cour de l'amirauté la plus proche, devant laquelle le cas doit être porté, suivant les règles ordinaires de la loi maritime. Si un vaisseau naviguant dans la même mer que nous eût été en péril et que nous fussions venus à son secours, les frais de sauvetage eussent été accordés par la même cour et d'après la même loi. Si la vaste et complexe machine qui nous emportait eût été brisée et si notre bâtiment désemparé eût été jeté sur la côte de France, nous serions tombés sous la juridiction des cours de ce pays et on aurait prononcé sur nos droits, non pas tant d'après la loi française que d'après cette loi commune à la France, à l'Angleterre, à l'Amérique et au monde entier : LA LOI DES NATIONS. Si, pour échapper à un naufrage, une partie du fret eût été lancée à l'eau, la perte occasionnée par ce jet à la mer eût été répartie suivant une règle de compensation commune à toutes les nations civilisées, bien que, malheureusement, on'n'ait pu encore s'entendre entièrement pour l'adoption de cette règle commune. Outre les cas que je viens d'énumérer, combien d'autres pouvaient surgir? Supposez qu'on fasse un contrat ou un testament pendant le voyage, d'après quelle loi faudra-t-il interpréter ces actes ou en déterminer la validité? Supposez un contrat passé entre un Anglais et un Italien devant une cour française; ou un testament fait par un Alle-

mand suivant les formes usi-
tées en Allemagne, déposé
devant un tribunal anglais ; où
trouvera-t-on les règles d'après
lesquelles ces questions seront
tranchées? Nous pourrions ainsi
imaginer bien d'autres difficultés relativement aux collisions,
jet à la mer, naufrage, sauvetage, violence personnelle, et
en nous demandant comment
ces questions seraient résolues
par les cours d'Angleterre, de
France, de Belgique ou de
Hollande, nous comprendrions
mieux l'importance de cette loi

qui n'est pas limitée à un pays
ou à une race, mais qui est ou
qui devrait être commune à
tous les pays et à toutes les
races.

III.

Par ces exemples qui n'ont trait qu'à un seul vaisseau choisi parmi des milliers d'autres, il est facile de comprendre la vaste étendue et les détails variés de cette loi publique qu'on désigne tantôt sous le nom de loi internationale, tantôt sous le nom de loi des nations. Dans l'esquisse que j'ai essayé de

faire de cette science, on trou-
vera un projet de classification,
que je n'ai pas la prétention de
donner comme la meilleure qui
puisse être faite, mais qui est
la meilleure à laquelle j'aie pu
arriver. L'ouvrage est divisé en
deux livres; l'un traite de la
paix, l'autre de la guerre, ou,
pour parler plus exactement, le
premier s'occupe des relations
qui existent entre les nations et
entre leurs membres, sauf en
temps de guerre; le second
parle des modifications qui sont
apportées dans ces relations

par la guerre. Le premier livre se subdivise de plus en deux parties. L'une contient les règles qui président aux relations des nations entre elles et avec les membres des autres nations; la seconde traite des relations des membres de chaque nation avec les membres des autres nations. La première division forme ce qui est habituellement connu sous la dénomination de loi internationale publique. La seconde renferme les règles de loi internationale privée. Gardant en mémoire ces divisions, nous jetterons un coup d'œil sur quelques-unes des mesures les plus importantes qu'elles contiennent. Outre les règlements qui sont généralement discutés dans les ouvrages de loi internationale, il y en a beaucoup d'autres qui, bien que mentionnés souvent dans les négociations, ne trouvent pas toujours place dans les écrits qui ne sont pas spéciaux. Ainsi après avoir pris en considération ce qui constitue les droits essentiels des nations, tels que leur autonomie, leur

égalité, leur perpétuité, leur
territoire, leur action en dehors
du territoire par rapport à la
navigation, aux découvertes, à
l'exploration, à la colonisation,
aux pêcheries, à la piraterie;
le commerce des nations entre
elles au moyen d'agents accré-
dités, de conventions internationales, du droit d'asile et
d'extradition, du rôle et des
pouvoirs nationaux, du domi-
cile et des devoirs réciproques
de la nation envers les étrangers, et des étrangers envers la
nation qui les reçoit dans son

sein ; résidence, profession, re-
ligion, obéissance aux lois, im-
pôts, service civil et militaire,
j'ai inséré d'autres mesures de
prévoyance auxquelles j'atta-
che une grande importance.
Elles ont rapport à l'embarque-
ment, aux droits d'entrée, à la
quarantaine, aux chemins de
fer, aux télégraphes, au service
postal, à la patente, aux marques de commerce, à la propriété littéraire, à la monnaie,
aux poids et mesures, aux longitudes, aux signaux marins, et
à la manière de diviser le temps.

Quant à la propriété littéraire, à la patente et aux marques de commerce, j'affirmerais les droits de l'auteur, de
l'inventeur ou du premier occupant, et je les déclarerais sacrés et obligatoires dans tous
les pays. Je commencerais à
compter les longitudes à partir
de Greenwich, comme les Anglais, au lieu de prendre pour
centre Paris sur certaines cartes, et Washington sur certaines autres. Pour les poids et
mesures, j'adopterais le système métrique français; et

quant à l'argent j'aurais un moule uniforme pour un nombre déterminé de pièces d'or qui auraient cours dans tous les pays. Cela éviterait aux voyageurs et aux négociants la perte et les embarras qu'ils subissent maintenant.

IV.

Ensuite vient cette partie du Code qui contient les mesures de précaution proposées pour le maintien de la paix. Il faudrait d'abord diminuer simultanément les énormes armements qui pèsent en ce moment sur l'Europe. Puis il serait convenu que si un désaccord survenait entre deux nations, ou si l'une d'elles avait quelque sujet de plainte, la partie qui se trouverait offensée en donnerait à l'autre un avis formel, spécifiant en détail quels seraient ses griefs et quelle serait la réparation qu'elle demanderait; une réponse formelle devrait être faite à cette plainte dans un certain laps de temps. Si la France et l'Allemagne avaient suivi cette méthode avant la fatale déclaration de juillet 1870, il est probable que la dernière guerre franco-allemande nous eût été épargnée. Une clause à peu près ainsi conçue a été insérée dans les traités conclus entre les États-Unis et le Portugal, la Bolivie, le Guatemala, le Pérou, San Salvador et la Nouvelle-Grenade.

« Dans le cas où les parties
« ne pourraient s'arranger au-
« trement, elles nommeraient
« cinq membres d'une Haute
« Commission mixte ; ces mem-
« bres se réuniraient, discute-
« raient les points en litige, et
« tâcheraient de réconcilier les
« deux nations. Si malgré leurs

« efforts, cette tentative de ré-
« conciliation venait à échouer,
« un *tribunal suprême d'arbi-*
« *trage* serait nommé de la ma-
« nière suivante : Chacune des
« nations qui auraient adhéré
« au Code transmettrait aux
« parties adverses les noms de
« quatre personnes. On en for-
« merait une liste, et sur cette
« liste les parties intéressées
« rayeraient alternativement un
« nom, jusqu'à ce que le nom-
« bre fût réduit à sept. Ces
« sept personnes constitueraient
« le Tribunal suprême. » Y a-

t-il rien d'impraticable ou de chimérique dans ce projet?

Pour répondre à cette question je vous demande la permission de m'en référer au grand et récent arbitrage de Genève.

V.

Nous pouvons remonter plus loin dans le passé et nous reporter à l'histoire de la Confédération américaine. Elle a commencé par l'arbitrage. Lorsque l'indépendance des colonies fut proclamée et que l'on en vint à rédiger la constitution de la Confédération, on adopta un article qui portait que toute querelle entre les États serait

réglée par des commissaires
nommés par les États en désaccord. Ou bien, que si les
parties avaient négligé d'en
désigner, ils devraient être
choisis comme il suit : Le Congrès prenait trois personnes
dans chaque État, et les parties adverses avaient le droit
d'effacer alternativement un
des noms jusqu'à ce que le
nombre en fût réduit à treize.
Puis on tirait au sort neuf membres au plus et sept membres
au moins, suivant la décision
du Congrès, et ces membres

ainsi nommés constituaient la commission. Un système plus perfectionné fut ensuite établi par la Constitution actuelle, qui a institué une Cour suprême comme dernier arbitre entre les États adverses. Des différends ont déjà été vidés par cette Cour : entre Rhode-Island et le Massachussetts ; un autre entre l'État d'Iowa et le Mississipi. Les bornes de ces deux États ont été fixées par la Cour et défense leur a été faite d'exercer aucune juridiction en dehors de leurs limites.

Une plainte avait été portée par
l'État de New-Jersey contre
celui de New-York à propos
des confins de l'Hudson. La
transaction de 1833, acceptée
par les deux États, et sanction-
née par le Congrès, mit fin à
cette dispute. Des actions ont
été également intentées par
l'État de New-York contre celui de Connecticut, par l'Alabama et la Floride contre la
Géorgie, et des querelles se
sont élevées entre le Maryland
et la Virginie, entre New-Jersey
et l'État de Delaware.

VI.

Pourquoi cette habitude de l'arbitrage ne pourrait-elle pas s'étendre à l'Europe? Ce continent comprend dix-huit États indépendants, en comptant les petites communautés de Saint-Marin, de Monaco et d'Andore, en ne séparant pas la Suède et la Norvége et en prenant l'Allemagne, à l'exception des provinces autrichiennes, comme formant un seul État. Dix seulement de ces États surpassent en richesse et en population les plus riches et les plus peuplés des États de l'Amérique. Ce sont : le royaume uni de la Grande-Bretagne et de l'Irlande, la France, l'Allemagne, la Russie d'Europe, l'Autriche, l'Italie, l'Espagne, la Turquie d'Europe, la Suède avec la Norvége, et la Belgique. La Hollande, le Portugal, la Suisse, le Danemark et la Grèce sont tous moins peuplés que l'État de

New-York. La Belgique a peut-
être 400,000 habitants de plus,
et la Suède avec la Norvége
un million. On ne voit donc
guère le prétexte que pourraient alléguer la Hollande, le
Portugal, la Suisse, le Danemark et la Grèce, pour refuser
de soumettre leurs différends à
l'arbitrage ou à une Cour permanente, comme le font les
États de New-York et de Pensylvanie. Et si ces cinq États
européens arrivent à donner
leur adhésion à l'arbitrage,
pourquoi la France et l'Alle-

magne ne le feraient-elles pas?
La seule raison, si raison il y a,
c'est que la France et l'Allemagne sont plus puissantes; que
sous aucun rapport elles ne
consentiraient à aliéner leur liberté d'action, et qu'en cas de
refus de leur part, on ne pourrait leur faire violence. A cela
on peut répondre que les
droits de la France et de l'Allemagne ne sont pas plus sacrés
que ceux de la Suisse et du
Portugal, que la contrainte imposée à leur indépendance et à
leur liberté d'action par l'enga-

gement volontaire de s'en re-
mettre à l'arbitrage ou à un
jugement, ne porte pas plus
atteinte à leur véritable honneur, et à leur indépendance,
qu'à ceux des États plus petits.
Et même, s'il y avait une diffé-
rence à cet égard, il semblerait
que ce soit l'État le moins considérable qui pût courir le plus
grand danger. Le système américain lie et oblige des États po-
puleux et riches, qui sont souverains en toute chose et qui
n'acceptent comme bornes à
leur souveraineté que la con-

trainte qu'ils se sont imposée de
leur propre volonté pour l'a-
vantage de leur propre population. New-York a déjà près de
quatre millions et demi d'habitants ; la Pensylvanie en a trois
millions et demi ; et l'Ohio deux
millions et demi. Quand l'État
de New-York aura une population aussi dense que l'Angleterre et le pays de Galles, il
contiendra 16,000,000 d'habitants. Mais il y a dix-sept
États plus grand que celui de
New-York ; le Texas, la Californie, le Nébraska, l'Orégon,

le Minnesota, le Kansas, le Missouri, la Névada, la Floride, le Michigan, l'Illinois, le Iowa, le Wisconsin, la Géorgie, l'Arkansas, l'Alabama, et la Caroline du Nord. Que sont les 47,000 milles carrés de New-York à côté des 247,000 du Texas ou des 189,000 de la Californie ?

Si la population du Texas atteignait la densité de celle de l'Angleterre et du pays de Galles, elle serait de 85,000,000 habitants et celle de la Californie dans les mêmes conditions, de 65,000,000.

Les Américains ont assez de confiance dans la force de leur constitution pour être persuadés qu'elle suffirait à maintenir leurs plus grands États, même s'ils arrivent à posséder la population et les ressources que semble leur prédire leur magnifique avenir. En mesurant le futur au passé, le prochain demi-siècle verra quelques-uns des États d'Amérique aussi puissants que les plus grands États de l'Europe, et à moins qu'on ne suppose l'Américain bien plus patient sous le frein, et bien plus soumis à la loi que son frère européen, il semble qu'on puisse arriver à résoudre le problème de l'arbitrage tout aussi bien en Europe qu'en Amérique et que la raison et la loi puissent être aussi respectées par les États de l'ancien continent que par ceux du Nouveau-Monde. La Grande-Bretagne et l'Irlande ont 30,000,000 d'habitants; la France, 38,000,000 ; l'Allemagne, 39,000,000 ; la Russie d'Europe, 68,000,000 ; l'Autriche, 35,000,000 ; l'Italie, 25,000,000 ; l'Espagne,

16,000,000 ; la Turquie d'Europe, 5,000,000 ; la Suède et la Norvége, 5,897,000 ; et la Belgique, 4,839,000. La proportion dans laquelle la population de l'Amérique augmente est à peu près de 35 % tous les dix ans. Cette proportion donnerait à l'Amérique une population aussi considérable que celle de l'Europe dans une période d'un peu plus de cinquante ans. Avec l'accroissement actuel, New-York contiendra en 1880 plus d'habitants que la Belgique, et en 1890, plus que la

Suède et la Norvége. Si le Texas et la Californie ne se subdivisent pas, le temps viendra où ils auront une population aussi considérable que celle des grands États de l'Europe, en exceptant peut-être la Russie. Le Texas a autant de terrains fertiles que l'Italie, proportion gardée, et peut nourrir une population légale relativement. L'Italie a 25,000,000 d'habitants. Le Texas avec la même densité de population, aurait 57,000,000 d'habitants, et la Californie 43,000,000. Il n'y a donc rien ni dans l'étendue, ni dans la force, ni dans les richesses des États européens, qui puisse les empêcher de se lier d'une manière permanente par une convention qui les forcerait de régler leurs disputes par l'arbitrage.

Je ne veux pas dire par là que toutes les prétentions qu'une nation pourrait élever au détriment d'une autre, devraient être soumises à l'arbitrage. Il y a telles exigences qu'une nation qui se respecte ne supporterait jamais ; telles sont celles qui toucheraient à son égalité ou à son indépendance. Prenons un cas extrême : supposons que l'Espagne voulût revendiquer son droit de souveraineté sur la Hollande en prétendant que Philippe II ni ses successeurs n'y ont jamais renoncé. Je ne voudrais pas que la Hollande portât cette demande devant un arbitre, ni devant une puissance humaine quelconque. Mais il me semble qu'il n'est pas difficile de tracer une ligne entre les questions qui peuvent et les ques-

tions qui ne peuvent pas être
discutées, et à mon avis, ce
sont les premières seulement
qui rentrent dans la catégorie
des cas que l'arbitrage doit régler.

VII.

Après les mesures dont je viens de parler et qui touchent au maintien de la paix, le Code passe à la Loi internationale privée, et s'occupe également des droits privés et de l'administration de la justice. Dans cette partie de l'ouvrage sont groupés tous les règlements intéressant la capacité personnelle, la condition sociale, la validité et l'interprétation des contrats, les effets du mariage et du divorce entre étrangers, la transmission de la propriété après la mort, l'administration de la justice, la procédure et le témoignage, toutes ces formalités s'appliquant aux personnes et aux étrangers.

La seconde division générale traite de la guerre et de ses effets sur les droits et les devoirs des belligérants, des alliés et des neutres. Quant aux

belligérants, il existe des règles
pour commencer, pour con-
duire et pour terminer la guerre.
L'intention générale a été que
la guerre ne pût s'attaquer
qu'aux personnes engagées dans
le service militaire et que
les opérations contre la propriété ne pussent être dirigées
que contre la propriété publique. Les mesures par lesquelles les traités modernes
interdisent l'usage de certains
engins destructeurs, et qui
prescrivent aux troupes le res-
pect des chirurgiens et des

gardes des hôpitaux, sont con-
servées et étendues. Le bom-
bardement des places sans défense est absolument prohibé.
Les différents chapitres portent
les titres suivants : — de ceux
qui ont le droit de commencer
les hostilités; quels sont ceux
contre qui les hostilités peuvent
être commencées; actes et mo-
des d'hostilités ; trêve et armis-
tice; service médical et religieux;
prisonniers ; attaques contre
la propriété ; contrebande de
guerre ; visite, recherche et
capture; blocus ; prises ; et

effets de la guerre sur les obligations des nations et de leurs membres, sur le commerce et sur l'administration de la justice. — A l'égard des neutres, le droit absolu qu'une nation a de rester neutre pendant que les autres pays sont en guerre, est proclamé dans les termes les plus formels. L'Angleterre a souvent agi d'après ce principe, et jamais sa conduite n'a produit plus d'effet que dans ce qui touchait à la Belgique pendant la dernière grande guerre. En quoi consiste la neutralité?

Qu'est-ce qui est permis à une nation neutre? Que doit-elle faire et que lui est-il interdit de faire? Ces questions et les trois règles de Washington sont ensuite étudiées.

VIII.

Voilà, en abrégé, l'aperçu de l'essai fait actuellement pour la formation d'un Code international, approprié à la civilisation des nations et au christianisme du xixe siècle de l'ère chrétienne.

Depuis que cette ébauche est préparée, on a fait deux pas importants vers l'établisse-

ment d'un Code international.
L'un est la conférence qui a eu
lieu à Gand le 18 septembre
1873, et qui a décidé la fonda-
tion d'un Institut de droit international. Cet Institut a mis
à l'étude plusieurs sujets importants et doit les traiter pendant le cours de l'année. Il
se réunira de nouveau au mois
d'août 1874 à Genève et s'occupera des travaux qu'il y aura
à faire dans l'avenir. Les sujets
proposés pour cette année sont :
l'arbitrage international ; les
trois règles du traité de Was-

hington, et la loi internationale privée. La réunion a aussi
délégué un comité de huit personnes pour assister à la conférence qui a eu lieu à Bruxelles le 10 octobre suivant.
Cette nouvelle conférence a
pour origine un meeting tenu à
New-York le 15 mai, dans
lequel on prit la résolution de
provoquer la réunion d'un certain nombre de personnes qui
chercheraient ensemble la meilleure manière de préparer
un Code international et les
moyens les plus pratiques d'en

assurer l'adoption. En effet, un comité de cinq membres fut nommé, et ce comité fit les invitations pour la conférence du 10 octobre.

Nous y avons vu les représentants, non - seulement de l'Amérique, mais encore de toutes les nations de l'Europe. Le plan qu'on s'est proposé est de voir d'abord s'il est à propos de composer un Code international, et dans le cas où le moment serait jugé opportun, de chercher comment ce code doit être rédigé et de quelle manière on pourra en proposer l'adoption. Ensuite, on devait examiner la question de l'arbitrage comme moyen de régler les différends nationaux. Enfin, le but de la conférence de Bruxelles était de poser les préliminaires d'un code de la loi des nations dans lequel serait inscrit le projet d'arbitrage international.

IX.

La Conférence de Bruxelles, d'où est sortie l'*Association pour la réforme et la codification du droit des gens*, mérite que ses travaux soient un peu longuement appréciés ici. Nous ne pouvons mieux faire que de donner le compte rendu d'un banquet qui a eu lieu au Grand-Hôtel, à Paris, le 25 octobre

1873, par les soins du Comité d'étude pour la codification des lois internationales de la Société des Amis de la Paix. Ce banquet était présidé par M. Frédéric Passy, vice-président de la Société des Amis de la Paix. En face de lui était placé l'auteur de ces lignes, en sa qualité de président honoraire de la Conférence de Bruxelles. A leurs côtés, on voyait MM. Washburn, ministre des États-Unis; Cauchy, membre de l'Institut; le général Read, consul général des États-Unis;

Paul Biollay, conseiller référendaire à la cour des Comptes; Joseph Garnier, secrétaire perpétuel de la Société des Économistes; Charles Fauvety, Edmond Thiaudière, de Molinari, Henry Bellaire, secrétaire général de la Société des Amis de la Paix; Charles Calvo, Mâcon, directeur de la Correspondance helvétique; Jules Clère, du *National;* le Dr James B. Miles, de Boston, secrétaire du Comité américain, pour la réforme du droit des gens; Bryan, de *l'American Register;*

le Dr Raffinesque, etc., etc. D'autres personnes, telles que MM. Massé, conseiller à la Cour de cassation ; Hoffmann, ancien gouverneur de l'État de New-York ; Isidor, grand rabbin de France ; colonel Hoffmann, secrétaire de la légation américaine, etc., avaient fait connaître leurs regrets des empêchements qui les retenaient.

Parmi les toasts portés, nous devons mentionner celui de M. Frédéric Passy, à l'Amérique, en la personne de ses éminents représentants, auquel

M. Washburn, répondit par un éloquent discours : de M. Charles Fauvety, à la Justice; de M. Miles, à la France; de M. Henry Bellaire, à M. Henry Richard, dont la voix retentissante, en gagnant au Parlement anglais la cause de l'Arbitrage, a vibré dans le monde entier; et enfin le toast de M. Edmond Thiaudière à la presse sérieuse, si bien représentée à la réunion.

Après le banquet, invité par le président, je pris la parole en ces termes :

Messieurs,

Mes remerciments les plus sincères vous sont dus, et je vous les adresse du fond du cœur, pour la courtoise bienveillance dont cette réunion est une preuve. Je sais bien que ce n'est pas ma personne, mais la cause dans le service de laquelle je me suis engagé, qui a motivé cet empressement. Je ne vous en remercie que plus vivement.

Il s'agit d'une grande cause,

en effet, et je tiens, par ce motif, à vous donner sur nos derniers travaux quelques renseignements précis. Vous m'excuserez s'ils ont forcément un air de compte rendu analytique.

La *Conférence de Bruxelles*, développement d'une idée poursuivie depuis quelques années par un certain nombre de mes compatriotes, est sortie d'une réunion tenue à New-York, dans le mois de mai dernier, chez l'un de nous. Dans cette réunion, un comité fut nommé sous le nom de *Comité du Code*

international. J'en reçus la présidence, et M. Miles, ici présent, en fut l'actif et dévoué secrétaire. Ce comité était
chargé de prendre des mesures pour la convocation d'une
conférence de publicistes des
divers pays d'Europe et d'A-
mérique, à l'effet de les con-
sulter sur les meilleurs moyens
de préparer un Code de droit
international, ainsi que sur la
marche à suivre pour assurer
l'acceptation de ce code. Malgré
l'époque déjà avancée, on ré-
solut de ne pas laisser passer

l'année sans agir ; car l'état du monde pressait. Des invitations furent envoyées au nom de la commission, et le 10 octobre, la conférence était réunie à Bruxelles. Malgré bien des empêchements dus à la longueur des distances et à la brièveté des délais, on peut dire que le monde savant s'y trouvait convenablement représenté. Vous en jugerez si vous voulez bien me permettre de vous dire quels étaient les hommes qui avaient répondu à notre appel, et ce qu'ils ont fait.

Je ne prétends pas nommer tout le monde; ce n'est qu'un aperçu.

Nous étions plus de trente *présents de fait*, et autant d'autres que j'appellerai *présents d'intention*, à cause de la cordiale fermeté de leur adhésion. Parmi ces derniers figure au premier rang le comte Sclopis, président du tribunal arbitral de Genève, dont la lettre sera publiée. Parlons de la France d'abord, puisque nous sommes en France. Elle était représentée par MM. Cauchy, Massé et

Calvo, tous trois membres de l'Institut, et M. F. Passy, économiste. D'autres savants français, invités officiellement, avaient fait parvenir par lettres leurs excuses. L'Allemagne avait envoyé, avec d'importantes lettres de M. d'Holzendorff et d'autres, M. Bluntschli, professeur de droit à Heidelberg, et auteur d'un ouvrage très-distingué sur *le Droit international codifié*.

De l'Espagne, nous avions M. de Marcoartu, ancien membre des Cortès, fondateur d'un

prix de 7,500 fr. pour un concours sur la question. De l'Italie, M. Mancini, ancien ministre
d'État, député et professeur de
droit à l'Université de Rome, et
M. Pierantoni, professeur de
droit à l'Université de Naples.
De l'Angleterre, MM Travers-
Twiss, ancien avocat de la
Reine; l'honorable Montague
Bernard, professeur de droit à
l'Université d'Oxford et l'un des
négociateurs de Washington;
Sheldon-Amos, professeur de
droit à University-College, à
Londres; M. Henry Richard,

membre de la Chambre des Communes, et auteur de la célèbre motion qui a rendu son nom populaire dans le monde entier; M. Webster et M. H.-D. Jencken, avocat. De la Hollande, M. Bachiene, conseiller d'État, et M. Prebius, membre de la Chambre des représentants. De la Belgique, M. Visschers, docteur en droit, conseiller au conseil des Mines; M. Arhens, professeur à l'Université de Bruxelles; M. de Laveleye, professeur à l'Université de Liége; M. Rollin-Jacquemyns, rédacteur en chef de la *Revue de Droit international*; M. Goblet d'Alviella, docteur ès sciences politiques et administratives; M. Couvreur, rédacteur de l'*Indépendance belge* et membre de la Chambre des députés; M. Bourson, directeur du *Moniteur belge*; M. Tempels, auditeur militaire; M. Faider, avocat général à la Cour de cassation, etc. La plupart de ces personnages ont écrit avec la plus haute distinction sur les questions de droit international. De l'Amérique, je ne

dois pas oublier le docteur
J.-B. Thompson, venu exprès
de Berlin, où il réside, pour
nous assister, M. Miles et moi.
Nous étions, vous le voyez, en
bonne compagnie.

Maintenant, qu'avons-nous
fait? Ici encore, je me borne à
énumérer; je ne commente
pas.

Premièrement, nous avons
adopté, à l'unanimité, la résolution suivante.

La Conférence déclare :

« Qu'un Code international,
définissant avec toute la préci-

sion possible les droits et les devoirs des nations et de leurs membres, est éminemment désirable dans l'intérêt de la paix, des bons rapports et de la prospérité commune. En conséquence, elle est d'avis que rien ne doit être négligé pour arriver à la préparation et à l'adoption de ce Code. »

A la demande de l'honorable M. Montague Bernard, l'amendement suivant fut adopté : « La Conférence réserve la question de savoir jusqu'à quel point la codification du droit des gens

devrait être purement scientifique, et jusqu'à quel point elle
devrait être incorporée dans les
traités ou conventions formel-
lement acceptés par les États
souverains. »

Secondement, nous avons
adopté avec la même unanimité
une autre résolution dont voici
le texte : je n'ai pas à vous en
faire remarquer l'importance.

« La Conférence déclare qu'elle
regarde l'arbitrage comme le
moyen essentiellement juste,
raisonnable, et même obliga-
toire pour les nations, de ter-

miner les différends internationaux qui ne peuvent être
réglés par voie de négociations.

« Elle s'abstient d'affirmer
que dans tous les cas sans exception ce moyen puisse être
appliqué. Mais elle croit que
les exceptions sont rares. Et
elle est d'avis qu'aucun diffé-
rend ne doit être considéré
comme insoluble qu'après une
explication complète de l'objet
en litige, et après que tous les
moyens pacifiques d'arrange-
ment auront été épuisés.

Troisièmement, nous avons déclaré la Conférence permanente ; c'est-à-dire que nous avons constitué une association « pour la réforme et la codification du droit des gens, » et délégué, pour la représenter, un Conseil de douze membres. Ce Conseil se compose des neuf membres du bureau actuel ; plus, trois membres qui lui ont été adjoints.

Il est chargé de diriger les affaires de l'association pour l'année présente ; de désigner l'époque et le lieu de la prochaine session, et de provoquer la formation de comités nationaux ou locaux pour l'étude du droit des gens; ainsi que de mettre à l'ordre du jour des questions, et de faire préparer sur ces questions des rapports ou mémoires émanant d'hommes compétents. Les résolutions sur ce sujet étaient textuellement ce qui suit :

1. La conférence décide que le nom de l'association sera : *Conférence internationale pour la réforme et la codification du droit des gens.*

Elle constitue, pour l'année courante, son bureau comme il suit

Président honoraire : M. DAVID DUDLEY FIELD ;

Président effectif : M. A. VISSCHERS ;

Vice-Présidents : MM. MONTAGUE BERNARD ; BLUNTSCHLI ; CH. GIRAUD ; MANCINI ;

Secrétaires Généraux : MM. DE LAVELEYE ; MILES ; H.-D. JENCKEN.

2. Elle décide, en outre, que le président honoraire, le président, les vice-présidents, les secrétaires, et les autres membres de la Conférence constitueront, d'après leurs

nominations respectives, des comités locaux, avec pouvoir de s'adjoindre des membres, de nommer des secrétaires et de faire tout ce qui sera utile au but de la Conférence. Ces comités se tiendront en relations avec le président de la Conférence et lui adresseront des rapports.

3. Le bureau, constitué comme il est dit ci-dessus, forme, pour la présente année, la délégation de la Conférence, avec mission de préparer un plan d'organisation de la Conférence, et de fixer l'époque et le lieu de la prochaine réunion. La délégation a le droit de

se compléter par l'adjonction de trois membres.

Dès maintenant, et à la suite d'une première réunion du bureau, plusieurs travaux, relatifs à la monnaie internationale, au perfectionnement des instruments de crédit, aux taxes postales et à l'arbitrage, nous ont été promis. Voici le procès-verbal de cette réunion :

En vertu de la décision prise par la Conférence internationale dans sa séance du 13 octobre 1873, la délégation permanente de la Conférence (représentée par MM. David Dudley Field, Visschers, Miles, E. C. de Laveleye, lesquels se sont réunis le 11 octobre 1873 à midi, dans les salons de M. D. Dudley Field), a, en vertu des pouvoirs qui lui ont été conférés, complété son bureau en s'adjoignant M. Henry Richard (M. P.), M. F. Passy et M. Adolphe Prins, avocat à Bruxelles. MM. Henry Richard et Passy, présents à Bruxelles, ont immédiatement pris part à la séance.

La délégation s'occupe d'abord de la publication des travaux de la Conférence de Bruxelles et dé-

cide qu'au moyen des procès-ver-
baux et du compte rendu sténo-
graphique il sera fait un compte
rendu donnant exactement la sub-
stance des observations échan-
gées.

Les lettres d'adhésion à la Conférence seront, suivant les cir-
constances, publiées *in extenso* ou
par extraits.

En exécution de la résolution
de la Conférence en date du 13
octobre, les membres étrangers
désignés par la délégation seront
invités à former autour d'eux des
Comités nationaux et locaux.

Les membres de ces Comités ne

sont pas de droit membres de la Conférence.

La délégation restera juge des admissions à faire ultérieurement, soit qu'il s'agisse d'adjoindre des membres à la Conférence, ou d'inviter certaines personnes à assister aux séances.

Les présidents des Comités seront invités à se tenir en correspondance avec la délégation centrale et à lui communiquer les listes de leurs membres et leurs règlements.

Sur la proposition de M. de Laveleye, il est entendu que l'on cherchera à s'assurer le concours

des professeurs du Droit international et des personnes signalées
par leur compétence.

La délégation mettra à l'étude
la question de la fixation du lieu
et de l'époque de la prochaine
réunion. Il paraît, toutefois, dès
à présent désirable que la Conférence se réunisse dans la même
ville que l'Institut international de
Gand, deux ou trois jours après
lui, de façon à profiter de ses
travaux et de la présence de ses
membres.

En vue de cette réunion, la délégation s'occupera de choisir des
sujets à soumettre à la discussion

et de s'assurer des hommes compétents pour présenter des mémoires sur ces sujets,

Dès maintenant elle indique les
matières suivantes :

Les brevets d'invention, les marques de fabrique et la propriété littéraire :

Questions proposées par M. Webster.

Les instruments de crédit :

Question proposée par M. Jenckens.

La monnaie internationale ;
Les taxes postales :

Questions proposées par M. Passy.

L'arbitrage international :

*Question proposée par M. de Mar-
coartu.*

Ces questions seront traitées au
point de vue international.

La délégation s'occupera de
l'organisation financière de la
Conférence. Elle s'ajourne jusqu'à
la prochaine convocation de son
président.

Les questions que je viens
d'énoncer ne sont, ai-je besoin
de le dire, que des indications.
Nous en attendons d'autres, en
rappelant que le *siége social*, si
je puis ainsi parler, est à

Bruxelles, où se trouve le président, M. Visschers, et le secrétaire, M. Prins (avocat dans cette ville). M. de Laveleye, secrétaire général, habite Liége.

Ajoutons, enfin, que tandis que se préparait notre Conférence, une autre institution, fruit des mêmes préoccupations, s'organisait à Gand. Je veux parler de l'*Institut de Droit international* fondé dans cette ville, en septembre dernier, dans le but de réunir dans un travail commun les jurisconsultes les plus éminents des deux mondes, afin d'arriver à dégager et à formuler scientifiquement ce que l'on peut appeler « *la conscience juridique du monde civilisé.* » Cet Institut a pour président M. Mancini, et pour secrétaire général M. Rolin-Jacquemyns ; plusieurs de nous en sont membres. Avant de se séparer, la Conférence, tout en maintenant, d'accord avec l'Institut, la parfaite indépendance des deux associations, a décidé d'entretenir avec lui des relations qui ne pourront que profiter à la bonne division des travaux et à la diffusion de leurs résultats. La tâche est vaste, et toutes les forces y doivent être employées le mieux possible. Voici, du reste, le rapport adopté pour l'établissement de ces relations avec l'Institut:

La Conférence internationale pour la réforme et la codification du Droit des gens, convoquée à Bruxelles, le 10 octobre 1873, par les soins du Comité américain pour le Code international,

Considérant :

Que l'Institut de Droit interna-

tional, fondé à Gand, le 10 septembre 1873, est une association
exclusivement scientifique, et que
son but est de favoriser le progrès
du Droit international, de formuler les principes généraux et de
donner son concours à toute tentative sérieuse de codification gra-
duelle et progressive du Droit international;

Que, conformément à ce but,
l'Institut de Droit international a,
dès à présent, mis à l'étude les
trois sujets suivants :

Arbitrages internationaux et procédure à suivre dans leur emploi;

Examen des trois règles de Droit

international maritime proposées dans le traité de Washington ;

Règles du Droit international privé destinées à assurer la décision uniforme des conflits entre les différentes législations civiles et criminelles ;

Que la plupart des juristes de Droit international, qui sont invités par le Comité américain, sont membres de l'Institut de Gand ;

Que le Comité promoteur de la Conférence de Bruxelles ne se compose pas seulement de juristes, mais aussi d'hommes distingués comme hommes politiques, publicistes, économistes, philanthropes,

et que son but est de favoriser le
progrès du Droit international
dans l'application pratique et dans
l'opinion publique;

Déclare :

1º — Que, à ses yeux, il est con-
forme au but et à l'intérêt des deux
Associations, tout en conservant
chacune la plénitude de son indépendance, de s'aider mutuelle-
ment ;

2º — Que, par sa nature et sa
composition, l'Institut du Droit
international semble remplir les
conditions nécessaires pour fonc-

tionner comme un sénat de juristes, éminemment apte à faire les travaux préparatoires indispensables à la réception et à la promulgation d'un Code de droit international, et qu'il y a lieu de le seconder dans l'accomplissement de cette tâche;

3° — Que, de son côté, la Conférence se réserve d'examiner, à tous les points de vue, et particulièrement au point de vue politique, économique et social, les résultats de ses travaux, comme aussi de se livrer, en évitant autant que possible les doubles emplois, à tous les travaux qu'elle jugerait nécessaires, et d'agir, soit après l'examen des travaux de l'Institut, soit en attendant qu'elle ait pu se livrer à cet examen, de la manière qui lui paraîtra la plus favorable au développement des rapports pacifiques entre les peuples, et au progrès de la civilisation internationale.

Je vous ai fait, messieurs, un court mais fidèle exposé de ce qu'on a fait à notre Conférence de Bruxelles. J'ai dit que je ne ferais ni commentaires ni phrases. Mais je sais que vous avez un proverbe en France qui dit : « Il n'y a que le premier pas qui coûte. » Le premier pas est fait. Nous vous demandons : Voulez-vous nous aider à en faire d'autres et nous soutenir dans la marche en avant à laquelle nous convions tous les esprits généreux et pratiques du monde ?

X.

Dans nos efforts, dont je viens de donner un aperçu, nous rencontrerons, j'en suis persuadé, la sympathie de tous ceux qui aiment leurs semblables. De toutes les calamités qui désolent l'espèce humaine, je crois pouvoir dire qu'une des plus grandes est la guerre. Je ne dis pas que ce soit la plus grande, parce que je crois que la dégradation morale, l'esclavage, la corruption générale sont des maux encore plus affreux que la guerre. Un peuple opprimé peut et doit se soulever contre ses oppresseurs. Une nation attaquée peut et doit se défendre. Celui qui refuse de combattre jusqu'à la mort pour la défense de sa famille et de son pays n'est pas fait pour vivre en ce monde. Mais autant la défense est juste, autant l'attaque est injuste. Jamais un peuple opprimé ne serait obligé de se soulever s'il n'existait pas d'oppresseurs, et il n'y aurait jamais de guerre défensive s'il n'y avait pas d'abord une guerre offensive. Et naturellement, en diminuant les agressions, on diminue la nécessité de la défense. En d'autres termes, s'il n'y avait pas de guerre injuste et agressive, il n'y aurait pas de guerre défensive, — par conséquent, pas de guerre du tout. Je ne voudrais en rien rabaisser le mérite de ces grands capitaines qui, en combattant pour

les droits de leurs concitoyens,
se sont acquis une juste répu-
tation, et je ne 'nie en aucune
façon qu'il n'y ait souvent dans
la guerre des occasions fréquentes, comme cela s'est vu souvent,
de déployer de hautes et héroïques vertus. Mais les grands
hommes qui ont montré ces
vertus ont déploré eux-mêmes
la nécessité et les maux de la
guerre qu'ils avaient été obligés
de déclarer. Notre Washington
n'était pas seulement le premier dans la guerre ; il était le
premier dans la paix comme le

premier dans le cœur de ses concitoyens. Et, si j'ai bonne mémoire, c'est le duc de Wellington qui disait que rien n'est plus affreux qu'une bataille gagnée si ce n'est une bataille perdue.

Je ne voudrais certes pas entraver le développement des vertus héroïques, ni supprimer les occasions de les exercer, mais sûrement la guerre n'est pas l'unique école où l'on puisse les cultiver et les déployer. Il y aura toujours dans le monde assez de souffrances

pour que toutes les vertus
trouvent à s'exercer. Est-ce que
le patron qui au milieu de
l'orage met sa barque à la mer
pour répondre aux signaux de
son frère en détresse, et qui
reste auprès de lui pendant une
nuit sombre et périlleuse pour
le sauver au péril de sa propre
vie, ne montre pas autant
d'héroïsme qu'aucun de ceux
qui combattirent à Waterloo!
Est-ce que le capitaine de
Northfleet qui se dévoua tran-
quillement à une mort certaine,
pour sauver des femmes et des

enfants, n'a pas déployé un courage aussi héroïque que les six cents braves qui chargèrent à Balaklava?

Howard était-il un moindre héros que Marlborough? et n'aimeriez-vous pas autant avoir mérité l'éloge que Burke prononça sur le premier, que le poëme par lequel Addison célébra la victoire du second? Que celui qui veut arriver à la renommée par le travail, par la souffrance et par le sacrifice regarde autour de lui et qu'il attaque vigoureusement le mal qui remplit le monde.

Excepté cette dégradation et cette corruption nationales auxquelles j'ai fait allusion, je ne puis rien concevoir d'aussi épouvantable que les combats sanglants qui ont si souvent désolé la terre. Le spectacle de deux nations armées jusqu'aux dents et usant de toutes les forces possibles pour ravager les champs, brûler les villages, bombarder les villes, massacrer les peuples, en un mot pour détruire leur vie et leurs richesses respectives ; un tel spectacle insulte le Créateur et dégoûte les hommes. La démoralisation, qui est la compagne et la suivante assurée de la guerre, la ruine du commerce et la dette nationale accrue et pesant de tout son poids sur l'industrie des générations à venir, ne sont que quelques-unes des horreurs accumulées sur d'autres horreurs.

Je ne suis pas assez confiant pour espérer que la guerre puisse, de notre vivant, disparaître complétement. Mais je veux croire que les rapports croissante des nations entre elles et le progrès général de la civilisation feront avancer les hommes de plus en plus sur le chemin de la paix. Les armures qui maintenant pendent inutiles dans vos salles seigneuriales, les créneaux qui servent à l'ornementation et non plus à la défense, les murailles fortifiées autrefois si formidables formant maintenant la promenade des villes, tous ces changements ne sont-ils pas des témoignages du progrès, et n'avons-nous pas vu succéder aux guerres continuelles, des paix relativement fréquentes et de longue durée ? Je veux espérer de plus que, par des arrangements internationaux suffisants, les chances de conflits peuvent être beaucoup diminuées, et que si par malheur une guerre vient à éclater, les maux qu'elle entraîne à sa suite pourront être au moins adoucis.

XI.

Tel est le but que les hommes dévoués qui poursuivent la réalisation d'un Code international, les membres de la conférence de Bruxelles se sont proposé, et voilà pourquoi nous faisons tous nos efforts pour améliorer la codification de la loi des nations. Tel a été le but de l'ouvrage imparfait que j'ai livré à la publicité, malgré tous ses défauts. Trop heureux si cet acte de bonne volonté peut donner l'essor, et si ce dernier acte d'une tâche commencée il y a sept ans, et que je considère comme terminée aujourd'hui, peut porter quelques fruits et contribuer au développement des progrès de la vraie civilisation.

ASSOCIATION INTERNATIONALE

POUR

LA RÉFORME ET LA CODIFICATION

DU DROIT DES GENS.

COMITÉ NATIONAL FRANÇAIS

CONSTITUÉ A PARIS, LE 6 NOVEMBRE 1873.

Secrétariat : 71, rue des Saints-Pères.

Président :

M. Ch. GIRAUD, de l'Institut;

Vice-Présidents :

MM. de PARIEU, de l'Institut;
CAUCHY, de l'Institut;

Secrétaire Général :

M. Frédéric PASSY;

Secrétaire Adjoint :

M. Henry BELLAIRE ;

Comité provisoire :

MM. Paul BIOLLAY, conseiller référendaire à la Cour des comptes ;
Joseph GARNIER, de l'Institut,
secrétaire perpétuel de la Société des économistes ;
MASSÉ, conseiller à la Cour de
cassation.

Imp. E. HEUTTE et Cᵉ, à Saint-Germain.

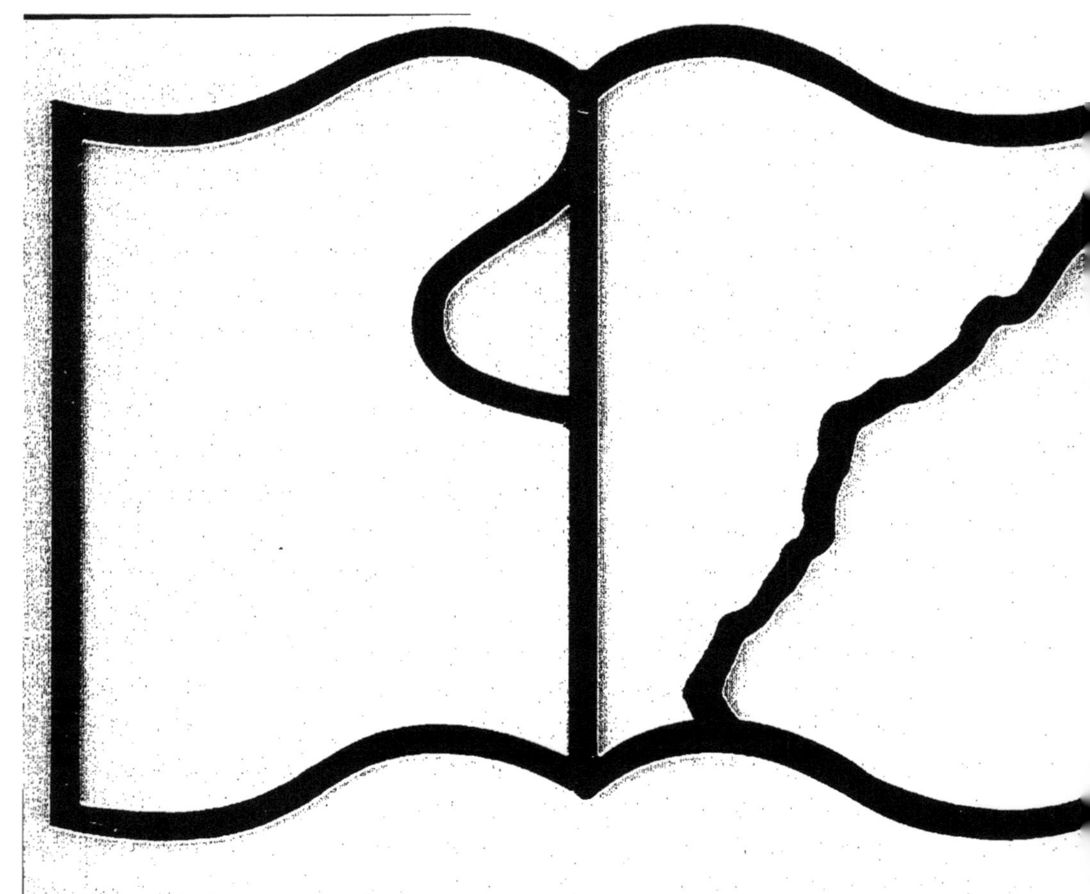

Texte détérioré — reliure défectueuse

NF Z 43-120-11

Reliure serrée